Alex Sandro Maciel Antunes

A Outra História do Cristianismo

Alex Sandro Maciel Antunes

A Outra História do Cristianismo

A Essência do Grande Cisma Segundo a Ortodoxia

CREDO EDICIONES

Imprint

Cover image: Disponibilizado pelo autor

Publisher:
CREDO EDICIONES
ist ein Imprint der / is a trademark of
International Book Market Service Ltd., member of OmniScriptum Publishing Group
17 Meldrum Street, Beau Bassin 71504, Mauritius

Printed at: see last page
ISBN: 978-620-2-47896-0

PONTIFÍCIA UNIVERSIDADE CATÓLICA DO PARANÁ
ESCOLA DE EDUCAÇÃO E HUMANIDADES
CURSO DE TEOLOGIA

ALEX SANDRO MACIEL ANTUNES

A OUTRA HISTÓRIA DO CRISTIANISMO

A Essência do Grande Cisma Segundo a Ortodoxia

ALEX SANDRO MACIEL ANTUNES

A OUTRA HISTÓRIA DO CRISTIANISMO

A Essência do Grande Cisma Segundo a Ortodoxia

A OUTRA HISTÓRIA DO CRISTIANISMO

A Essência do Grande Cisma Segundo a Ortodoxia

DEDICATÓRIA

A minha esposa Érica Zely de Góes, filha Maria Teresa Góes Maciel, Rita de Cássia Góes Macial, Gabriel Góes e meus pais Lauro Antunes e Iracema Maciel, por estarem presentes nos momentos mais necessários desta vida, dando o alento, alegria, esperança, força, amor e certezas de que os esforços valem à pena.

Ao amado pai em Cristo Dom Theodoro de Oliveira, Primaz da Província Anglicana de Cristo Salvador e Bispo da Diocese Anglicana de Votorantim SP – Brasil, pelas preces e por acolher e acreditar em minha vocação.

AGRADECIMENTO

A Deus fonte e autor da vida e inspiração nos momentos mais dificeis. Luz a iluminar minhas trevas, força a fortalecer minha fraqueza, sabedoria e discernimento em minha falta de compreensão.

A Bem Aventura e Sempre Virgem Maria. "Totus Tuus Ego Sum Mariae et Omnia Mea Tua Sunt".

Ao querido Prof. Ms. Padre João Mendes Pereira Filho pelo sua orientação e paternal direção.

“A Igreja de Cristo recebe seu oxigênio de dois pulmões: oriental e ocidental. Duas tradições, dois modos complementares de viver o único evangelho”.

São João Paulo II

A OUTRA HISTÓRIA DO CRISTIANISMO
A Essência do Grande Cisma segundo a Ortodoxia.

Autor: Alex Sandro Maciel Antunes [1]
Orientador: Prof. João Mendes Pereira Filho [2]

RESUMO

O Grande Cisma foi a separação que aconteceu na Igreja entre ocidente latino e o oriente bizantino, tendo por expoente questões politicas, econômicas e culturais que se deram ao longo dos tempos na caminhada do cristianismo. Entretanto, o maior artífice do cisma se deu no campo teológico através de duas compreensões distintas acerca dos direitos do papado e do *"Filioque"*. O marco historiográfico de tal fato situa-se em 1054, mas se consolidou em tempos posteriores criando uma verdadeira barreira nas relações entre as duas Igrejas até a atualidade. Com este presente trabalho, pretendemos lançar um breve olhar sobre a historiografia apresentada pela Igreja Ortodoxa, onde se pode perceber uma raiz pela qual perpassa todos os elementos constitutivos que conduziram ao estado de ruptura; trata-se de um processo no desenvolvimento do ocidente que o levou a quebra da unidade conciliar existente na Igreja desde os primórdios do cristianismo.

Palavras-chave: Grande Cisma. Eclesiologia Oriental. Ortodoxia.

RÉSUMÉ

Le Grand Schisme était la séparation qui a eu lieu dans l'Eglise entre l'Ouest latine et l'Orient byzantine, ayant comme exposant les questions politiques, économiques et culturels, qui ont eu lieu au fil du temps dans la marche chrétienne. Cependant, le plus grand architecte du schisme a eu lieu dans le domaine théologique à travers deux compréhensions différentes sur les droits de la papauté et "*Filioque*". Le cadre historiographique de ce fait se trouve en 1054, mais a été consolidée dans les derniers temps la création d'un véritable obstacle dans les relations entre les deux Églises au présent. Avec ce travail, nous prévoyons de lancer un bref regard sur l'histoire présentée par l'Eglise Orthodoxe, où vous pouvez voir une racine qui imprègne tous les éléments qui ont conduit à l'état de rupture; il est un processus dans le développement de l'Ouest qui l'a conduit à rompre l'unité existante concilier dans l'Eglise depuis les premiers temps du christianisme.

Mots-clés: Grand Schime. Ecclésiologie Orientale. Orthodoxie.

---

[1] Graduando do Curso de Teologia da Pontifícia Universidade Católica do Paraná. Licenciado em História pela Universidade Estadual de Londrina- PR, pós- graduado em Gestão Escolar pela Faculdade Campus Elíseos- SP e pós- graduado em Psicopedagogia pela Universidade do Norte do Paraná, Londrina PR.

[2] Graduado do Curso Livre de Filosofia do Seminário Maior Arquidiocesano Nossa Senhora da Glória de Maringá-PR, graduado em Curso Livre de Teologia do Seminário Maior Paulo VI de Londrina-PR, Mestre em Teologia Espiritual pela Pontifícia Universidade Gregoriana de Roma. É professor assistente da Pontifícia Universidade Católica do Paraná – Campus Londrina, Coordenador da Associação Educacional Paulo VI, pároco da Paróquia Nossa Senhora de Fátima em Londrina e Reitor da casa de Formação Divino Espírito Santo da Diocese de Umuarama- PR.

SUMÁRIO

A OUTRA HISTÓRIA DO CRISTIANISMO

A Essência do Grande Cisma segundo a Ortodoxia.

1 INTRODUÇÃO

No ano de 1054 d.C, o ocidente latino e o oriente grego, que se constituíam nas duas grandes civilizações cristãs, separaram-se depois do episódio que se deu na Basílica Patriarcal de Constantinopla, *Hagia Sophia*, na qual o legado romano Cardeal Humberto depositou sobre o altar, durante o momento da liturgia, uma carta excomungando o patriarca Miguel Cerulário e os cristãos bizantinos da unidade da Igreja. Por sua vez o Patriarca fez o mesmo contra os legados papais.

Tal episódio entrou para a história ocidental como o cisma do oriente. Entretanto, historiadores que se debruçam sobre o tema são unanimes em afirmar que o processo que culminou em 1054 é fruto de um longo processo histórico no desenvolvimento das duas civilizações e que se concretizou com acontecimentos posteriores.

Com o crescente interesse que se observa na atualidade sobre a Igreja no oriente e a teologia cristã dos padres apostólicos, as sombras lançadas sobre este acontecimento começaram a receber as luzes da razão, e a tradicional versão ocidental começou a se desfazer por não preencher as lacunas que nela se apresentavam.

O objetivo principal do presente trabalho é lançar um breve olhar sobre o outro lado da história, apresentando a visão do oriente, onde se fala do Grande Cisma e não de um cisma do oriente; no qual remontam suas origens ao ocidente através do seu rompimento com um modelo de organização eclesiástica que vinha desde o evento de Pentecostes, passando por um desenvolvimento ao longo dos tempos: a unidade Conciliar, que se manifestava nas relações entre os cinco patriarcados históricos que formavam a Pentarquia da Igreja.

O fim desse governo Conciliar foi também a essência de um embate no campo teológico acerca do acréscimo da cláusula filioque ao símbolo da fé modificando o conteúdo já estabelecido anteriormente através dos concílios ecumênicos.

Para se constatar o processo histórico que conduziu ao estado de ruptura na Igreja, teremos como norte o trabalho do Arcebispo Ortodoxo Kallistos Ware, em seu livro intitulado "A Ortodoxia" da editora Angela: Buenos Aires, 2006. E ao termino deste é objetivo especifico que o leitor seja capaz de observar os antecedentes e causas do cisma, compreender a raiz que determinou a relação entre os patriarcas e como o rompimento desta conduziu ao acontecimento de 1054; e demonstrar a continuação da Igreja Ortodoxa com a Igreja Una, Santa, Católica e Apostólica nascida em Pentecostes, fundada por Jesus Cristo sobre o fundamentos dos apóstolos e definida pela fé manifesta nos sete Concílios Ecumênicos da Igreja indivisa.

2 A IGREJA DE PENTECOSTES A CONSTANTINO: BREVES RELATOS

Os primeiros períodos da história cristã que se iniciam com o evento de Pentecostes chegando à conversão do Imperador Constantino, são de grande importância para a historiografia da Ortodoxia Oriental. Porque neste tempo foram se moldando e se desenvolvendo a prática da vida cristã, a liturgia, a organização e a estrutura da Igreja.

Também se aprofundaram as grandes reflexões teológicas e foram lançadas as bases e fundamentos aos quais se podem compreender um pouco da atual conjuntura da Igreja. Todos estes elementos formam a Santa Tradição que é a fonte do manancial inesgotável donde se bebe a Fé Ortodoxa. Por isso, é necessário lançarmos um breve olhar para este período, a fim de se compreender as relações entre a hierarquia da Igreja, entre os Patriarcados Orientais e o Patriarcado Romano que formavam a histórica Pentarquia.

2.1 PENTECOSTES: A MANIFESTAÇÃO DA UNIDADE

> Tendo-se completado o dia de Pentecostes, estavam todos reunidos no mesmo lugar. De repente veio do céu um ruído como o agitar-se de um vendaval impetuoso, que encheu toda a casa onde se encontravam. Apareceram-lhes, então, línguas como de fogo, que se repartiam e que pousaram sobre cada um deles. E todos ficaram repletos do Espírito Santo e começaram a falar em outras línguas, conforme o Espírito lhes concedia se exprimirem (Atos dos Apóstolos 2, 1-4).

Neste relato do livro de Atos temos o registro do evento que marcou a história eclesiástica como o nascimento da Igreja, ocorrido na tradicional festa de Pentecostes também conhecida entre os judeus como a "festa das semanas". De origem agrícola conforme Números 28,26 em agradecimento pelos primeiros frutos da terra, ela assume o caráter histórico-salvífico onde Israel recorda a Aliança de Deus através da entrega da Lei no Monte Sinai.

A partir da experiência vivida pelos Apóstolos e legada aos primeiros cristãos, Pentecostes passou a ser considerada pela ótica dos eventos relacionados a Cristo. A antiga herança recebida e as tradições dos antepassados judeus foram reinterpretados através da intervenção que Deus realizou no mundo mediante Jesus.

Dentre os vários elementos que vão surgir com o evento de Pentecostes, um será de especial importância, pois estabelecerá toda a relação da Igreja ao longo de sua existência, a condição sobre a qual o Espírito Santo vem sobre os Apóstolos, "estavam todos reunidos".

O Dicionário Houaiss apresenta o verbo reunir do latim *reunire* que expressa o ato de unir o que estava dissociado, em conflito. De fato, a realidade dos apóstolos com a morte de Jesus era esta. Estavam confusos e em conflito interno, sem saber o que fazer, pois o mestre no qual colocaram toda a sua vida estava morto. Somente após a ressurreição tal nuvem espessa de incertezas e medos que lhes encobriam o entendimento, pode se dissipar e os mistérios da redenção já revelados ganhou em fim o corpo do entendimento.

Fortalecidos pelo próprio Jesus Cristo ressuscitado, que com eles permaneceu até a sua Ascenção aos céus, eles voltaram àquela antiga condição de unidade, tanto fraterna quanto de pensamentos; "Todos estes perseveravam unanimemente em oração e súplicas, com as mulheres, e Maria mãe de Jesus, e com seus irmãos" (At 1, 14. Grifo nosso).

Em plena unidade novamente, a condição para o cumprimento da promessa feita pelo Cristo estava então concretizada, "recebereis a virtude do Espírito Santo, que há de vir sobre vós; e ser-me-eis testemunhas, tanto em Jerusalém como em toda a Judéia e Samaria, e até aos confins da terra" (At 1,8).

Evidencia-se diante do que fora posto, que a Igreja gestada por Jesus e nata em Pentecoste é, portanto, Conciliar. Ele ao escolher os Doze e lhes transmitir a reta fé pela qual se pode atar o céu a terra e a terra ao céu, lançou também os alicerces para sustentar a existência e permanência da Igreja: "sobre esta pedra edificarei minha Igreja, e as portas do *Hades* nunca prevalecerão contra ela. Eu te darei as chaves do reino dos Céus e o que ligares na terra será ligado no céu" (Mt 16, 18b-19a).

A escolha dos doze (sucessão apostólica), a unidade que se manifesta conciliar (perseveravam unanimemente), a reta doutrina lhes ensinada (ortodoxia), além de ligarem a realidade terrena a celeste e alicerçarem a Igreja, são também para esta como que a alma, do mesmo modo que corpo e espírito o são para a plenitude do homem.

2.2 O CONCÍLIO DE JERUSALÉM: A AUTORIDADE CONCÍLIAR DA IGREJA

Após receber o Espírito Santo em Pentecostes, juntamente com os demais apóstolos, Pedro em seu famoso discurso começou a anunciar a reta doutrina sobre a mesma fé que um dia ele professou no Filho do Deus vivo[3], revelada pelo mesmo Jesus, quando ainda temporalmente entre eles, provocando de imediato, conforme o relato de Atos, a conversão dos ouvintes.

Inicia-se então o processo de crescimento da Igreja já no dia de seu nascimento, o livro de Atos cita cerca de três mil novos convertidos, e acrescenta que cada vez mais pessoas se uniam a Igreja.

A evolução numérica continua por todo o texto de Atos dos Apóstolos. Após o milagre da cura do paralitico (At 4,4), Lucas cita um novo discurso de Pedro que conduz novamente a conversão de cerca de cinco mil homens. O livro de Atos ainda nos dá uma noção da extensão territorial das varias comunidades nascentes, tanto na palestina como em regiões vizinhas.

Com o crescimento veio também às perseguições, e a Igreja que antes se concentrara em Jerusalém acabou se espelhando por demais regiões do Império. Pedro e João foram levados após a cura do paralitico ao oficial do templo e aos saduceus, que os mantiveram em cárcere até a manhã seguinte quando compareceram diante do tribunal. Foram então, interrogados e depois de sofrerem

[3] "E vós, quem dizeis que eu sou? Simão Pedro respondendo disse: Tu és o Cristo, o Filho do Deus vivo. Jesus respondeu-lhe: Bem aventurado és tu, Simão, filho de Jonas, porque não foi carne ou sangue que te revelaram isso, e sim meu pai que está nos céus" (Mt 16, 13-17).

ameaças, foram soltos sob a ordem de não proferir mais ensinamentos e nem falar em nome de Jesus (At 4, 1-21).

Estevão após um debate com judeus helenistas foi conduzido ao sinédrio, e depois de um discurso considerado blasfemo foi apedrejado até a morte (At 7, 58).

Após estes episódios isolados, as autoridades judaicas estenderam a perseguição a todos os membros da Igreja. Saulo que mais tarde viria ser Paulo e levaria o cristianismo até os confins, foi um dos grandes expoentes da perseguição, "devastava a igreja entrando pelas casas e arrastando homens e mulheres, fazia-os encarcerar" (At 8,3).

Diante das perseguições observamos o acontecimento de uma diáspora. Os cristãos se espalharam por diversos lugares diferentes, a fim de preservarem suas vidas e viverem a sua fé, conseguindo através do testemunho novas conversões:

> Entretanto, aqueles que foram dispersados pela perseguição que houve no tempo de Estêvão chegaram até a Fenícia, Chipre e Antioquia, pregando a palavra só aos judeus. Alguns deles, porém, que eram de Chipre e de Cirene, entrando em Antioquia, dirigiram-se também aos gregos, anunciando-lhes o Evangelho do Senhor Jesus. A mão do Senhor estava com eles e grande foi o número dos que receberam a fé e se converteram ao Senhor (At 11,019-21).

Os apóstolos também acabaram se dispersando, e da Igreja Mãe de Jerusalém levaram consigo a boa nova de Jesus Cristo por onde passaram ocasionando novas conversões e gerando novas comunidades. Além dos cristãos da diáspora e do fenômeno da pregação apostólica, temos o esforço missionário de Paulo que, através de várias viagens, consegue ocasionar significativo aumento das conversões e o nascimento de várias comunidades no mundo pagão.

A missão de Paulo a princípio é se dirigir aos judeus da diáspora que se concentram nestes centros urbanos organizados religiosamente em torno das sinagogas, a fim de lhes anunciar Jesus Cristo. No entanto, a maioria refuta os ensinamentos evangélicos do apóstolo, e os pagãos são quem aderem à fé formando comunidades que posteriormente serão mais bem organizadas.

A conversão dos pagãos e a sua inserção no mistério de Cristo, conduziu a Igreja a um crescimento que até então não fora visto, trazendo consigo um desafio; com novos povos e culturas, surgia também uma nova Igreja com seu próprio modo de ser, apresentando por sua vez, seu primeiro problema: a circuncisão.

A Igreja em Jerusalém e as comunidades da Judéia não romperam com a herança do judaísmo, a observância da lei de Moisés era algo essencial juntamente com as práticas do contexto socioculturais nos quais estavam inseridos desde a infância.

> Foi em Jerusalém que se começou a formar uma linguagem conceitual propriamente cristã e a configuração do serviço religioso, a comunidade se sentia inicialmente como realização do judaísmo, participando do serviço religioso nas sinagogas e no templo, vivendo de acordo com os seus costumes ao mesmo tempo que adotava os princípios fundamentais dessa organização (FRANZEN,1996, p. 24).

Quando os convertidos no mundo pagão se tornaram numerosos, certos costumes que eram comuns entre os membros da Igreja Mãe como a circuncisão, os banhos rituais, a abstenção de certos alimentos e outras prescrições da lei, não eram observados, pois partiam de outra realidade étnica-cultural. Para os mais zelosos, inclusive fariseus e sacerdotes convertidos (At 6,7), este ato significava certa desorganização e um mal a Igreja.

No livro de Atos dos Apóstolos, estes homens zelosos pela tradição judaica, eram chamados como o partido dos circuncisos, e já haviam questionado na comunidade a conduta de Pedro por entrar na casa de um incircunciso (At 11, 1-3).

Tomando a questão da observância da lei, os circuncisos chegaram a enviar Barnabé para fiscalizar a comunidade de Antioquia onde muitos pagãos se somaram ao número de convertidos. Mas tal ato não surtiu o efeito desejado, porque Barnabé não condenou aqueles que vieram do paganismo e ainda se uniu a eles se alegrando com as suas conversões.

Então, "Alguns homens desceram da Judéia para Antioquia e passaram a ensinar aos irmãos: Se vocês não forem circuncidados conforme o costume ensinado por Moises, não poderão ser salvos" (At 15,1). Na mentalidade dos circuncisos o anuncio do evangelho a todo o mundo não se apresentava um problema para a lei de Moisés, pois, consideravam que converter o mundo correspondia tornar a todos judeus.

Criado o desconforto e o conflito entre o posicionamento dos circuncidados da comunidade de Jerusalém e as novas comunidades vindas do paganismo, os apóstolos como seus dirigentes tiveram o papel fundamental de garantir a unidade da Igreja e extirpar o perigo do cisma.

Surge então, a necessidade de um Concílio, pois a igreja que nasceu em Pentecostes sob a condição de que "estavam todos reunidos no mesmo lugar", agora nesta nova conjuntura exigia mais uma vez a união, para que se manifestasse o mesmo Espírito a guia-los na resolução deste problema.

"Reuniram-se, pois os apóstolos e os presbíteros para examinarem o problema" (At 15, 6). Em Jerusalém as autoridades constituídas da Igreja reunidas em torno dos apóstolos se colocaram a ouvir ambas as partes e "alguns do que tinham sido da seita dos fariseus, mas tinham abraçado a fé, intervieram: diziam que era preciso circuncidar os gentios e prescrever-lhes que observassem a Lei de Moises" (At 15, 5).

Logo após, Pedro tomou a palavra; e em seu discurso apresentou a forma como Deus concedeu também seu Espirito aos gentios, da mesma forma que aconteceu com eles que eram filhos da circuncisão.

Paulo e Barnabé também relataram aos presentes as obras de Deus entre os gentios. E por fim, o apóstolo Tiago, que segundo a tradição era o chefe da Igreja em Jerusalém, tomou a palavra em nome dos circuncisos e apresentou o seu parecer acolhendo o consenso ao qual chegaram: "Eis porque pessoalmente, julgo que não se devam molestar aqueles que, dentre os gentios, se convertam a Deus" (At 15, 19).

Concordando com a não circuncisão para aqueles que viessem do mundo pagão, Tiago apresentou a condição que se abstivessem de certas práticas que eram comuns na cultura helênica da época como o banquete sacrifical onde se comiam dos alimentos oferecidos aos ídolos e de uniões consideradas ilegítimas.

Os apóstolos, presbíteros e a Igreja, unidos em seu primeiro Concílio, guiados pelo Espírito Santo, chegaram a um consenso onde o fator de divisão foi resolvido. Unanimes compuseram a primeira carta Conciliar da Igreja, que se encontra em Atos 15, 22-29, onde as decisões tomadas pelo concilio foram levadas a todas as comunidades.

O Concílio apostólico de Jerusalém possui estreita vinculação com o Pentecostes. Através da reta doutrina (ortodoxia) que os apóstolos receberam do próprio Cristo; reunidos como no nascimento da Igreja de forma conciliar, pois, entre eles não haviam maiores ou menores (vemos Pedro e Tiago falarem em tom de igualdade); eles mantiveram a unidade da Igreja, legando os ensinamentos da fé as várias línguas, povos e raças, conforme se manifestou profeticamente em Pentecostes, ao falarem em outras línguas: "nós os ouvimos anunciar em nossas próprias línguas as maravilhas de Deus" (At 2, 11).

2.3 A UNIDADE DA IGREJA PERANTE SEU CRESCIMENTO

Seguindo o mandado de Jesus Cristo: "Ide, pois, ensinai todas as nações" (Mt 28,19); a Igreja foi se espalhando por todo o orbe do Império Romano e para além dos seus limites.

A parte oriental do Império foi por onde os primeiros missionários viajaram e, onde se formaram as primeiras comunidades, porque ali existiam várias cidades, cada uma delas com a sua organização politica, econômica e administrativa já bem organizadas.

Depois do rompimento com a sinagoga, as casas das famílias se tornaram a célula básica da comunidade. Os cristãos dos grandes centros se reuniam na *"Domus Eclesiae",* a casa da Igreja; era a residência de uma família que fora devidamente organizada para reuniões e para a celebração da eucaristia.

Nós encontramos alguns relatos dessas *Domus Eclesiae* na carta de Paulo aos romanos onde o apóstolo envia saudações a Prisca e Áquila e a Igreja que se reúne em sua casa, também envia saudação aos da casa de Aristóbulo e da casa de Narciso (Rm 16, 3-16).

Cada cidade onde a igreja se fazia presente possuía um governo próprio composto pelo seu Bispo que era assistido pelos seus presbíteros e diáconos. A comunidade na zona rural dependia da Igreja da cidade.

Embora existissem várias comunidades em cidades diferentes e regiões diferentes, cada uma delas possuíam a consciência de uma unidade entre ambas formando uma só igreja pelo orbe Imperial. Na Igreja local se fazia sentir plenamente a Igreja Universal.

Também são nos escritos paulinos que encontramos referências a essa mentalidade da catolicidade da Igreja, unida cada pequena comunidade ao todo sob a face da terra: "À igreja de Deus que está em Corinto, aos santificados em Cristo Jesus, chamados santos, com todos os que em todo o lugar invocam o nome de nosso Senhor Jesus Cristo, Senhor deles e nosso" (I Cor 1, 2).

A Igreja de Deus em Corinto é uma realidade local, mas que não se desvincula da realidade universal, que por sua vez, é a unidade daqueles que em todo lugar invocam o nome de Jesus e vivem sob a mesma fé.

2.3.1 Era dos Bispos e a unidade colegial

Ao final do século I, findou-se também a era dos apóstolos dando-se início a era dos seus sucessores, os *επίσκοπος* (epíscopos).

As comunidades unidas em torno de seus epíscopos ou bispos, o tomaram como ponto visível de unidade da Igreja e responsáveis por manter a sua catolicidade e ortodoxia. "Cuidem de vocês mesmos e de todo o rebanho sobre o qual o Espírito Santo os designou como bispos, para pastorearem a igreja de Deus, que ele comprou com o seu próprio sangue" (At 20, 28).

Por volta ano 107 d.C, santo Inácio de Antioquia em sua breves cartas quando a caminho do martírio em Roma, exortava os fiéis a se manterem sempre unidos ao seu bispo:

> O bispo em cada Igreja, escreveu, preside no lugar de Deus. Que ninguém faça nada que diz respeito à Igreja sem o bispo. Onde quer que o bispo apareça, que esteja o povo como se Jesus Cristo lá estivesse. Lá está a Igreja Católica (Inácio de Antioquia apud WARE, 2006, p. 11).

Para Santo Inácio, terceiro na sucessão de São Pedro na Sé de Antioquia, é clara a visão de que na Igreja local unida ao seu bispo está presente a realidade da Igreja como um todo; em cada pequena comunidade se faz a Igreja Una Santa, Católica e Apostólica.

No entanto, em cada episcopado, não se exerce um governo único, separado da totalidade, isolado em sua cidade ou região. Mas, os bispos de diferentes localidades compartilham de um único ministério, embora existam várias comunidades, elas formam uma só Igreja. Assim, mesmo existindo vários bispos, formam estes um único episcopado.

São Cipriano de Cartago (apud WARE, 2006 p.12), em sua carta sobre a unidade da Igreja, testemunha o mesmo afirmando que: "O episcopado é um todo único, do qual cada bispo participa plenamente. Assim a Igreja é um todo, embora ela se descobre em inumeráveis Igrejas, na medida em que se torna mais fértil".

Demais autores eclesiásticos deste período e, outros ao longo dos séculos, também concordam com o que expressa Santo Inácio e São Cipriano. Um é bispo em Antioquia, o outro em Cartago; e apesar da distância geográfica e temporal em que viveram, estão imbuídos de um mesmo espirito de unidade, seguindo a linha do que já abordamos neste presente trabalho sobre Pentecostes. Em cada bispo unido, está à essência conciliar que manteve a unidade e a reta fé da Igreja pós-apostólica.

A igreja na qual os bispos, segundo São Cipriano e Santo Inácio, eram compartilhadores de um mesmo episcopado era natural que, se reunissem para discutir problemas comuns que surgiam na vida da igreja.

> A Ortodoxia sempre deu grande importância à realização dos concílios na vida da Igreja. A Ortodoxia crê que o concílio é o principal órgão através do qual Deus guia seu povo e considera-se a Igreja Católica como uma Igreja essencialmente conciliar (WARE, 2006, p. 13).

Segundo Kallisto Ware, os outros concílios que surgiram na vida da Igreja após o apostólico de Jerusalém, continuaram seguindo o mesmo principio de "harmonia e unanimidade". Como agindo de outra forma as ideias de um único indivíduo poderiam prevalecer sobre os demais que compartilham de uma mesma dignidade? Se o episcopado é uma parte unida a um todo sobre o orbe como seria possível uma pequena parte se impor a totalidade com autoridade de fé se a condição em que o Espírito se manifestou em Pentecostes era a de plena unidade?

Foi assim que os concílios realizados posteriormente reunidos em torno dos bispos, sucessores dos apóstolos, conseguiram se pronunciar com a mesma certeza mantendo a ortodoxia e unidade na Igreja de Cristo.

Neste tempo era comum a convocação de Concílios regionais, onde os bispos de uma mesma província do Império se reuniam. Estes Concílios aconteciam naturalmente na capital da província em torno da autoridade do próprio bispo desta cidade que recebia o titulo de metropolita.

Com o inicio do século terceiro, estes Concílios aumentaram seu tamanho e alcance devido ao grande número de comunidades que se formaram e, ao extenso número de conversões em seu interior.

Assim os bispos de várias regiões e províncias se uniam para manter a unidade do rebanho de Cristo. Esses Concílios se realizavam nas cidades mais importantes do império e os seus bispos acabaram ganhando uma dignidade superior aos metropolitas provinciais tornando-se ponto de unidade entre várias sedes metropolitanas.

2.4 A CONVERSÃO DO IMPERADOR CONSTANTINO E A REALIZAÇÃO DO PRIMEIRO CONCÍLIO ECUMENICO EM NICÉIA

No ano de 312 d.C um acontecimento transformará para sempre os rumos da história do cristianismo. A conversão do Imperador Constantino.

Constantino era filho de Constâncio Cloro e de Helena, nasceu por volta de 285 em Niš[4] na Mésia Superior. Seu pai foi nomeado em 263 como um dos dois césares dentro da tetrarquia[5] imperial, e Constantino passou a viver toda a sua juventude servindo na corte do Imperador Diocleciano.

Em 305 com a abdicação conjunta de Diocleciano e Maximiano, Constâncio se tornou um Augusto, e Constantino se mudou para junto dele na Gália.

Em 25 de julho de 306, seu pai faleceu e Constantino foi proclamado Augusto pelas suas tropas passando a ter o controle da Britânia, Gália, Germânia e Hispânia, com sua capital em Augusta dos Tréveros, cidade que fez embelezar e fortificar. No entanto, na parte Ocidental do Império ele não foi reconhecido; Maximiano que havia abdicado a contra gosto o poder iniciou uma luta para tomá-lo de Constantino que o derrotou em 308.

Mas ainda restava uma vitória a ser alcançada por Constantino para restaurar a paz e a unidade no Império; era preciso vencer Maxêncio, filho de Maximiano, que havia se proclamado Imperador em Roma.

Após uma série de mediações fracassadas e lutas confusas, no ano de 312, como última tentativa de firma-se como Imperador, Constantino marchou rumo a

---

[4] Nich na atual Sérvia.

[5] Diocleciano dividiu o império entre os setores orientais (pars Orientis) e ocidentais (pars Occidentis). Manteve o controle pessoal do sector leste, enquanto Maximiniano, seu companheiro de armas, governava o ocidente como seu augusto ou coimperador. A partir daí o império passou a ter dois augustos (augusti), cada qual com exército, administração e capital próprios. Com a crescente dificuldade de conter as numerosas revoltas no interior do império, procedeu mais tarde a uma nova divisão funcional e territorial, a fim de facilitar as operações militares: nomeou um imperador menos "graduado", denominado césar (Caesar), subordinado a cada imperador mais graduado, que tinha o título de "augusto". Constituiu-se assim o sistema de quatro governantes - dois augustos e dois césares - ou tetrarquia.

Roma. Mal sabia, porém, que o exército de Maxêncio era maior em número e poder; somente a intervenção divina poderia de fato, lhe conduzir a vitória.

A quinze quilômetros de Roma, Constantino se pôs junto com o seu exercito a se preparar para a batalha que lhe traria a coroa imperial ou o fim de tudo. Maxêncio reuniu toda a sua tropa estrategicamente ordenada sobre a Ponte do Rio Mílvia, entrada de acesso a cidade de Roma, e construiu em determinado ponto uma armadilha para que os soldados rivais caíssem no rio e perecessem.

Segundo a Tradição, ao cair da tarde daquele dia, 27 de outubro de 312, o sol se punha e ao lançar seu olhar para o céu, Constantino viu uma grande cruz e entrelaçadas a ela as letras gregas *chi-rho* que são as iniciais de *Χριστός* (Cristo). Junto a elas havia a seguinte inscrição: *"Εν Τουτω Νικα"* que quer dizer, com este sinal venceras. Na mesma noite Jesus Cristo lhe apareceu em sonho explicando o significado daquela visão.

No dia seguinte, Constantino resolveu lutar sobre tal signo que mandou inscrever sobre cada lábaro e estandarte. A data era 28 de outubro de 312; Maxêncio contava com aproximadamente 100.000 soldados dos quais 78.000 formavam a infantaria.

Constantino com apenas 40.000 soldados conseguiu alcançar a vitória, o inimigo acabou em determinado momento caindo em sua própria armadilha e dentre eles o artífice de tudo, Maxêncio, que teve seu corpo encontrado a margem do Mílvia.

Constantino entrou em Roma com grande triunfo e, na praça principal, mandou colocar a sua estátua com uma cruz na mão tendo a seguinte inscrição: "Com esta cruz salvei a cidade do jugo do tirano".

A partir de então, Constantino se tornou o primeiro imperador cristão de Roma e no ano de 313 através do Edito de Milão, a Igreja que até então vivia sobre forte perseguição gerando milhares de mártires, foi libertada e com o tempo passou das catacumbas a se reunir publicamente nas grandes basílicas imperiais.

O Imperador ainda honrou os bispos e o clero com as mais elevadas dignidades, ordenou que fossem devolvidos aos cristãos todos os lugares de seus cultos assim como os seus bens materiais tomados nas perseguições. O número de cristãos além de obter um imenso aumento sobre todo o império, encontrou em fim tempos de paz. Esse período ficou conhecido pelos historiadores como a *Pax Constantiniana.*

A conversão de Constantino mudou a história do cristianismo. Entre seus vários feitos, dois deles marcaram para sempre a Igreja; o primeiro foi à decisão de mudar a capital do Império Romano no de 324 em direção ao Oriente, de Roma para as margens do bósforo, na antiga cidade grega de Bizâncio onde edificou uma nova cidade com seu nome, Constantinoupolis. As mudanças foram em parte políticas e econômicas, mas também por motivo religioso. O imperador queria um império cristão e a antiga Roma ainda estava impregnada fortemente pelo paganismo que vivia em batalha contra os cristãos. Assim, o novo império cristão deveria de ter uma nova capital totalmente cristã.

Em 330 a nova Roma foi solenemente inaugurada e consagrada por vários bispos e um decreto imperial proibia que nela se realizasse qualquer culto pagão.

O segundo grande feito de Constantino, que marcou a Igreja, foi à convocação do primeiro Concílio reunindo toda a Igreja do orbe imperial na cidade de Nicéia no ano de 325.

Se o Império Romano havia de se tornar um Império Cristão, o Imperador sentia a necessidade de estabelecê-lo sobre a base firme da unidade e da ortodoxia da fé.

Algumas heresias ameaçavam a unidade da Igreja. O cisma dos donatistas já havia criado uma séria divisão que apesar do esforço do imperador e pela realização de concílios regionais, somente o tempo conseguiu sanar. Porém, uma nova e mais forte corrente herética surgia e com ela uma nova tempestade sobre a reta fé e a unidade da Igreja: O Arianismo.

Esta heresia foi ensinada pelo presbítero Ário de Alexandria que começou a propagar que só existia um Deus verdadeiro, o "Pai Eterno", princípio de todos os seres. O Cristo-Logos havia sido criado por Ele antes do tempo como um instrumento para a criação, pois a divindade transcendente não poderia entrar em contato com a matéria. O Filho era então, diferente do Pai em substância.

Reunidos bispos, presbíteros e diáconos em um número aproximado de 300 participantes em torno do Imperador Constantino, o Concílio abriu sua primeira cessão em 20 de maio de 325 no palácio imperial onde Ário e os seus seguidores expuseram a sua doutrina. O imperador abriu a sessão na condição de presidente de honra e, depois, assistiu às sessões posteriores, mas a direção das discussões teológicas ficou com as autoridades eclesiásticas.

Em defesa da reta fé destacou-se Alexandre Arcebispo de Bizâncio (futura Constantinopla), Alexandre de Alexandria juntamente com seu diácono Atanásio, Eustácio de Antioquia e Marcelo de Ancira.

Os padres Conciliares condenaram a posição de Ário e, declararam Jesus Cristo o Filho de Deus ser *homoousios*, ou seja, consubstancial ao Pai. Ele não é um semi-deus e nem uma criatura superior, mas é Deus no mesmo sentido que o Pai é Deus.

O primeiro Concílio Ecumênico seguiu na continuidade daqueles que aconteceram antes nas províncias do Império Romano, apresentando também estreita vinculação com o Concílio Apostólico de Jerusalém e com o próprio evento de Pentecostes.

A Igreja mais uma vez reunida sob os sucessores dos apóstolos, como na vinda do Espirito Santo, de forma conciliar e guiada pela ortodoxia da fé, se proclamou em unanimidade contra os erros que a dividia e continuou em plena unidade sob a face da terra.

3 O ROMPIMENTO DA UNIDADE CONCILIAR NO OCIDENTE E O CAMINHO PARA O GRANDE CISMA

A unidade da Igreja de Cristo resplandece em todo seu vigor no Concílio. Ele é a Essência da Igreja onde acontece a reunião de todos aqueles que receberam a plenitude do sacerdócio cristão na qualidade de epíscopos, portando assim sucessão vinda dos apóstolos com o compromisso de guardar mesma fé transmitida pelo próprio Jesus aos seus, que foi legada de geração em geração; ali o perigo dos cismas e das falsas doutrinais que mutilam a fé não possuem poder e se dissipam, porque como em pentecostes, o Espírito lhes sobrevém e conduz seus sentidos e passos confirmando os cristãos na verdade: "Vai e confirma os teus irmãos" (Lc 32, 22).

Após o primeiro Concílio Ecumênico em Nicéia, outros Concílios locais também foram realizados, e mais seis concílios ecumênicos como são reconhecidos pela tradição da Igreja Ortodoxa.

No Ocidente outros concílios se realizaram reclamando para si o título de ecumênicos, mas infelizmente a Igreja de Cristo já estava desunida com um cisma que perdura até a atualidade. Por isso fiel a tradição, a Ortodoxia não os reconhece como ecumênicos porque não teve a participação da totalidade da Igreja de Cristo.

Um dos fatos também pelo qual não é possível os reconhecer como tal, é que no Patriarcado de Roma em determinado momento histórico, deixou de existir a unidade conciliar presente na Igreja desde Pentecostes, passando o Patriarca de Roma a desempenhar um poder monárquico e autocrático. Assim a Essência da Igreja no Ocidente se apagou e os acontecimentos que se seguiram conduziram a uma das maiores divisão no corpo de Cristo perpetrada no tempo como o Grande Cisma.

3.1 OS CONCÍLIOS ECUMÊNICOS E A FORMAÇÃO DA PENTARQUIA

O Concílio de Nicéia além de questões dogmáticas, como a definição da reta fé contra a heresia do arianismo, ocupou-se também da uniformidade da data de celebração da Páscoa e da organização visível da Igreja.

Os padres conciliares confirmaram os privilégios dos três grandes centros que segundo a tradição se destacavam como ponte de unidade das Igrejas espalhadas pelas diferentes províncias do Império Romano; Estes são Roma, Alexandria e Antioquia.

> Que o antigo costume no Egito, Líbia e Penápolis prevaleça, que o Bispo de Alexandria tenha jurisdição em todos estes, uma vez que o mesmo é de costume para o bispo de Roma também. Da mesma forma em Antioquia e as outras províncias, que as Igrejas mantenham seus privilégiosa (Cânon VI).

O mesmo Concílio em seu VII cânone determinou também que "O Bispo de Jerusalém seja honorificado", ainda que sobre a autoridade de jurisdição do Metropolita de Cesárea, ocupando o quarto posto na hierarquia.

Segundo o historiador Gilvan Ventura da Silva (2002), anos mais tarde, na comemoração dos 25 anos do reinado de Constantino um acontecimento mudou completamente a história da Igreja no Oriente. A 11 de maio de 330, na festa em honra de São Mócio, mártir de Bizâncio sob Licínio, enfatizando a derrota do último dos perseguidores por Constantino, o imperador inaugurou a nova cidade imperial de Constantinopla dedicando-a ao “Deus dos Mártires”, constituindo-se para todo o oriente na “Nova Roma”.

Construída como um monumento do triunfo e glória do cristianismo “a nova capital deveria ser uma cidade cristã na qual os imperadores cristãos poderiam residir em um ambiente não maculado pelos edifícios, ritos e práticas de outras religiões” (BARNES, 1981, p. 212) como ainda era comum na Antiga Roma.

Constantinopla logo se tornou o centro do cristianismo em todo o oriente e persistindo o problema do Arianismo, após a morte de Constantino em 22 de maio de 337, coube ao Imperador Teodósio I convocar o segundo Concílio ecumênico em 381 na Nova Roma.

Neste Concílio foi reafirmado o Símbolo Niceno como verdadeira profissão da fé ortodoxa, sendo complementado em alguns artigos desenvolvendo em particular os ensinamentos acerca do Espírito Santo que os padres conciliares declararam ser Deus da mesma forma que o Pai e o Filho são, formulando: “que procede do Pai e com o Pai e o Filho recebe a mesma adoração e a mesma glória”.

A posição que Constantinopla conquistou não foi ignorada e o Concílio declarou que "O Bispo de Constantinopla deve ter prerrogativas de honra após o Bispo de Roma, pois Constantinopla é a nova Roma" (Cânone III).

O patriarcado de Roma começou a demonstrar seus primeiros sinais de rompimento com a unidade conciliar da Igreja relutando em aceitar o terceiro cânone do segundo Concílio Ecumênico, ao passo que um embate mais direto surgiu entre Constantinopla e Alexandria que perdeu o segundo posto de honra. Os anos seguintes até o próximo Concílio foram tempos difíceis entre as duas sedes.

Alexandria conquistou duas vitórias. A primeira quando Teófilo de Alexandria, com ajuda da Imperatriz Eudóxia, conseguiu conduzir ao desterro o Arcebispo de Constantinopla São João Crisóstomo, grande pregador que expunha com grande eloquência a teologia de Atanásio e dos Padres Capadócios; e a segunda vitória foi no embate entre São Cirilo de Alexandria e Nestório de Constantinopla.

Diferente do que aconteceu com João Crisóstomo que foi vítima do poder político, Nestório havia se enveredado pelo caminho da heresia ao conceber que em Cristo havia duas pessoas distintas, uma humana e outra divina, unidas por uma habitação da divindade na natureza humana, como em um templo, ou de uma túnica que estivesse unida ao corpo. Desta maneira, como o Verbo Eterno passou a habitar na carne humana formada no claustro materno, Maria só poderia ser chamada "Mãe dessa carne humana ou da pessoa humana na qual o Verbo habitava" (BETTENCOURT, 2003, p.20).

Por esse motivo foi convocado pelo Imperador Teodósio II o terceiro Concílio Ecumênico que se realizou simbolicamente na Igreja de Santa Maria na cidade de Éfeso, Ásia Menor, onde os padres conciliares condenaram Nestório e se proclamaram acerca da ortodoxia da fé:

> O Verbo, unindo na sua pessoa uma carne animada por uma alma racional, Se fez homem. A humanidade de Cristo não tem outro sujeito senão a pessoa divina do Filho de Deus, que a assumiu e a fez sua desde que foi concebida. Por isso, o Concílio de Éfeso proclamou, em 431, que Maria se tornou, com toda a verdade. Mãe de Deus, por ter concebido humanamente o Filho de Deus em seu seio: Mãe de Deus, não porque o Verbo de Deus dela tenha recebido a natureza divina, mas porque dela recebeu o corpo sagrado, dotado duma alma racional, unido ao qual, na sua pessoa, se diz que o Verbo nasceu segundo a carne (CIC 466).

Alexandria saiu vitoriosa sob Constantinopla, mas na instauração de uma verdadeira luta pós-concilio para colocar um fim de vez ao nestorianismo, Dióscoro sucessor de Cirilo na Sé de Alexandria, atenuando a divindade de Cristo (contra a humanização de Nestório), acabou caindo em uma nova heresia, o monofisismo.

Dióscoro afirmava que depois da união do divino e do humano na encarnação de Jesus Cristo, apenas a natureza divina continuou a existir absolvendo a humana.

Em Constantinopla um abade de nome Eutiques que foi partidário também de Cirilo contra Nestório em Éfeso, mas que acabou sendo condenado por afirmar que Jesus possuía uma única natureza e que não era homem no mesmo grau que a humanidade, também tomou parte mais uma vez no embate cristológico assumindo a teologia de Dióscoro e se levantando fortemente contra o Arcebispo de Constantinopla Flaviano, denunciando-o a Roma como um herético nestoriano.

Reagindo contra os abusos e os erros doutrinários do monofisismo, a Igreja se reuniu mais uma vez em um Concílio Ecumênico realizado desta vez na cidade de Calcedônia na Ásia Menor, que teve início em outubro do ano de 451, sendo convocado pelo Imperador Marciano.

O Concílio condenou Dióscoro, Eutiques e a heresia Monofisista, e tomando a carta de Leão, que ficou conhecida como "*Tomus ad Flavianun*" como seu documento doutrinal, reafirmou-se a reta fé da Igreja na dupla natureza de Cristo:

> ...sendo um só e mesmo Cristo, Filho, Senhor, Unigênito, que nós reconhecemos com o existente em duas naturezas, sem confusão, sem mutação e sem divisão, sendo que a diversidade das naturezas nunca foi eliminada pela união, ao contrário, a propriedade de cada uma das naturezas ficou intata e ambas se encontram em uma só pessoa e uma só hipóstase (DENZINGER 301-302).

A consequência do Concílio foi não só uma derrota da teologia alexandrina, mas também na disputa pela soberania de Alexandria sobre o oriente. O Cânon XXVII de Calcedônia reafirmou o Cânon III de Constantinopla lhe assegurando o posto de honra após a Sé de Roma. O Concílio também concedeu autonomia a Sé de Jerusalém antes sob Cesaréia dando-lhe o quinto posto de honra.

Assim, se afirmou na Igreja o sistema de governo que ficou conhecido como Pentarquia. Segundo tal, as cinco principais sedes episcopais lhes foram atribuídas um prestigio especial e se estabeleceu entre elas a ordem de honra começando por Roma, passando por Constantinopla, Alexandria e Antioquia, chegando a Jerusalém.

Aos Bispos de cada uma destas cidades o Concilio concedeu o título de Patriarca. Os cinco patriarcados dividiram entre suas cinco Jurisdições o mundo conhecido até então, governando-o sobre os mesmo principio de harmonia conciliar e unidade entre si e os bispos de suas jurisdições.

3.2 A DIGNIDADE DO PATRIARCADO DE ROMA

Desde o seu início, a comunidade romana se destacou na Igreja; ela foi sempre reconhecida pelo ocidente como a sua única condutora, por ser a mais antiga, a maior e a única de origem apostólica no mundo ocidental.

Por ser de acordo com a tradição fundada por São Pedro e pelo papel indiscutível que desempenhava no colégio apostólico, Roma também possuía um prestigio especial que em geral se dava as comunidades fundadas pelos apóstolos.

A posição geográfica que ela ocupava no coração do império era igualmente importante, fazendo que a Igreja em Roma estabelecesse desde cedo relações com os pontos mais distantes do orbe.

A caridade da comunidade romana e o auxílio prestado aos necessitados sempre foi um exemplo, e desde muito cedo contou com homens e mulheres de grande importância ocupando cargos no Império, podendo exercer ocasionalmente sua influência junto à corte a fim de proteger cristãos nas perseguições.

O Bispo de Roma assumiu uma posição especial como o sucessor direto de Pedro, porque nele se conservava a herança da revelação recebida de Cristo e dos apóstolos na sua forma mais pura e segura, pois as continuidades ininterruptas com os últimos e a Igreja primitiva eram a melhor garantia para uma fé autentica.

De fato, a Igreja no oriente sempre recorreu em várias situações a Roma como fonte da ortodoxia da fé. Como no caso de Santo Atanásio que buscou nela seu apelo; em casos como na luta contra os monofisistas, onde a carta do papa Leão ao patriarca Flaviano se tornou o pilar da reta fé; e na questão iconoclasta, quando o poder político e a sede de Constantinopla foram tomados pelos heréticos.

Com o passar do tempo o prestigio de Roma só aumentou e mesmo com a fundação de Constantinopla, a Nova Roma, e sua elevação de honra sobre o oriente, jamais afetou o papel e a dignidade da antiga Roma de Pedro e Paulo, que continuou a primeira em primazia. No entanto, jamais na ortodoxia se confundiu primazia com supremacia.

O Patriarca de Roma sempre foi considerado pelos ortodoxos aquele que preside no amor, e não aquele que tem a supremacia e o poder extremo, o que contraria o princípio já citado por Cipriano de Cartago que "o episcopado é um todo único, do qual cada bispo participa plenamente".

Assim como Pedro era o primeiro entre os apóstolos, mas apóstolo em um mesmo grau e dignidade que os demais, é o Patriarca de Roma o primeiro entre os bispos e Patriarcas da Igreja, o "*primus inter pares*", primeiro entre os iguais, presidindo na caridade a unidade conciliar do Corpo de Cristo, tomando o mesmo assento entre os demais como Pedro fez no Concílio de Jerusalém.

3.3 DOS ANTECEDENTES A CONCRETIZAÇÃO DO GRANDE CISMA

Era uma tarde de verão do ano de 1054; o patriarca Miguel Cerulário, juntamente com o clero local e os fiéis, se preparava como de costume para a celebração de um Ofício na Basílica Patriarcal de Hagia Sophia em Constantinopla. Pela porta principal em determinado momento, adentrou o Cardeal Humberto com a comitiva papal, que há dias estavam na cidade hospedados no palácio Imperial. Ele se dirige ao santo dos santos, mas não estava ali para rezar ou participar do ofício; apenas depositou sobre o altar principal uma carta e se retirou sem pronunciar uma palavra. Era uma bula de excomunhão.

Um diácono, movido por uma força em seu interior e como que sentindo as consequências futuras daquele ato, correu ao encontro do cardeal e lhe suplicou que revogasse a bula; mas Humberto apenas sacudiu a poeira de seus pés junto à porta da Basílica e lhe disse: "- Que Deus vos veja e os julgue".

Tal acontecimento entrou para a história da Igreja como o Grande Cisma, onde o Ocidente Latino e o Oriente Ortodoxo se separaram. No entanto, é de consentimento entre historiados e demais estudiosos que esse fato não foi o começo e nem o termo do cisma, este é fruto de um longo processo que se iniciou séculos anteriormente e que se consolidou séculos depois.

De acordo com Kalistos Ware, a divisão pode-se remontar ao ano de 330 d.C com a inauguração da cidade de Constantinopla, porém, suas raízes mais profundas pode-se chegar a tetrarquia de Diocleciano que dividiu o império entre quatro governantes, cada qual com uma região e capital administrativa.

Nos tempos apostólicos quando Pedro e Paulo saíram evangelizando cada região do Império, embora já existissem línguas e dialetos diferentes além de diferenças culturais, o império constituía-se em unidade sob um único imperador e se entendiam o latim e o grego.

Embora até sua morte Constantino fosse o único imperador, com a inauguração de Constantinopla e a transferência da capital imperial a tornando Nova Roma, sob seus sucessores se concretizou a cisão passando a existir dois impérios com duas capitais. Império Romano do Ocidente com capital em Roma, Império Romano do Oriente com capital em Constantinopla; cada qual com seu imperador, sua língua (no ocidente latim, oriente o grego) e sua forma de administrar; por consequência, passou a existir dois centros em crescente prestigio na Igreja, Roma para o Ocidente e Constantinopla para o Oriente.

Para os bizantinos toda via, os ideais de um império universal de alguma forma continuavam existindo, seja pelos laços sanguíneos dos imperadores ou pela mesma fé cristã vivida na unidade da Pentarquia.

O Império Romano no Ocidente não aguentou por muito tempo, por volta do século V grande parte de seu território foi tomando pelas invasões bárbaras e somente a Itália permaneceu livre por algum tempo até que em 4 de setembro de 476 o rei vândalo Odoacro depôs Romulo Augusto, o último imperador romano do ocidente.

No Oriente o Imperador Justiniano empreendeu uma grande batalha pela retomada dos territórios perdidos aos povos bárbaros. Foi uma última tentativa de se reunificar novamente o império; além de conquistar novamente as províncias ocidentais, no ano de 536, Justiniano conseguiu retomar Roma.

Mas os bárbaros, marcados pela sua forte índole guerreira, não desistiram e com a morte de Justiniano suas conquistas logo se viram abandonadas e retomadas pelo inimigo.

Apesar de exilados, Ocidente e Oriente ainda mantinham laços através da península do Ilyricum, que no início do século VII acabou se transformando em uma barreira entre o mundo latino e bizantino devido a invasão dos eslavos e bárbaros na península balcânica. Outro fator decisivo que isolou ocidente e oriente foi o surgimento do Islã que tomou o antigo "*Mare Nostrun*" e dificultou ainda mais os contatos culturais e econômicos no mediterrâneo.

O patriarcado de Roma, apesar de isolado, ainda era considerado como parte do mundo Bizantino; a antiga Roma jamais perdeu seu posto de honra e primazia. O papa ainda era o "*primus inter pares*"; mas as invasões bárbaras além de isolar as relações em todos os níveis, fizeram o papa tomar uma posição e responsabilidades que antes jamais lhe foram exigidas. Além do governo eclesiástico, ele assumiu o poder sobre os governantes seculares.

No império bizantino (império romano oriental) havia um único imperador que mantinha a civilização, a unidade e a lei como nos tempos de Constantino o Grande; O ocidente se fragmentou entre vários reinos divididos, muitos deles pagãos e que aos poucos foram se convertendo sob o poder do papa que se fez a unidade e a lei.

Para submeter de vez o poder secular, o patriarcado romano acabou se aliando com os Francos, um dos mais poderosos reinos bárbaros. Em 754 o papa Estevão se aliou a corte do Rei Pepino e sob a sua proteção os Francos influenciaram Roma, reconquistaram os territórios perdidos em torno da cidade eterna e os doou ao papa, fazendo o sucessor de Pedro não mais aquele que presidia no amor, mas o Monarca de Roma.

Meio século depois, apesar da aliança com Pepino trazer incômodos, mas não se fazer sentir de forma maior no oriente; um acontecimento rompeu a relação com o mundo bizantino e afetou profundamente as relações na Igreja: a coroação de Carlos Magno e a fundação do Sacro Império Romano Germânico.

Com a morte de Pepino o breve, que conquistou grande prestigio na Igreja Romana, seu filho e sucessor, Carlos Magno, foi coroado pelo papa Leão III na noite da natividade de Cristo do ano de 800, como o novo Imperador dos Romanos. O poderoso Reino Franco se converteu assim, no Sacro Império Romano Germânico.

A atitude da criação de um novo Império Romano no Ocidente invés de unir separou de vez o ocidente do Oriente, porque o legitimo Império Romano ainda existia no Oriente com sede em Constantinopla desde o Imperador Constantino, e um de seus sucessores autêntico ainda se assentava ao trono.

O patriarcado de Roma com tal atitude acabou de vez com a relação Conciliar existente na Igreja, pois com as sucessivas conquistas de Carlos Magno na Europa, cada reino era cristianizado novamente e posto sob a tutela espiritual e temporal do Papa; a Igreja passou no ocidente a ter um governo autocrático, e sob a sua jurisdição queria impor toda a Igreja na face da terra.

Carlos Magno tentou pedir o reconhecimento de sua coroação ao imperador bizantino e ao patriarcado de Constantinopla, toda via pelo que já foi exposto não foi aceito, para os cristãos bizantinos que acreditavam em um império universal, Carlos Magno lhes parecia um intruso, já que seu povo foi um dos responsáveis pela destruição do autentico Império Romano no Ocidente. Também o feito autoritário do Papa Leão, sem a consulta de um Concílio ou dos demais patriarcados da Pentarquia, se constituía em um verdadeiro ato cismático.

Carlos Magno não tardou a reagir quando na Europa se despertou um verdadeiro renascimento carolíngio, no que tange a cultura se alimentou um verdadeiro espírito de anti-helenismo.

O cisma entre as civilizações com o passar dos quinze anos do reinado de Carlos Magno se fez sentir com mais clareza, antes uma, agora duas civilizações cristãs; uma sob o Papa e outra sob o Patriarca de Constantinopla.

Privado do reconhecimento do imperador bizantino e se vendo em seguida tido por herege pela Igreja bizantina, Carlos Magno logo se envolveu em questões doutrinárias e disciplinares.

Um de seus primeiros atos nesta direção, foi se negar a aceitar as decisões do sétimo Concílio Ecumênico em Nicéia no qual foi condenada a heresia iconoclasta. O motivo da recusa seria para agradar os iconoclastas que ainda se rebelavam pelo poder em Constantinopla, e que no ano de 813 reassumiram o trono Bizantino sob o imperador Miguel I que lhe reconheceu o título imperial no ocidente.

Mas o pior dos atos de Carlos Magno foi se vingar da igreja bizantina acusando-a de heresia por não aceitar recitar no símbolo da fé o "*filioque*". Ele convocou um sínodo em Aquisgrano e a partir de então, o *filioque* que já se disseminava em várias regiões do ocidente desde início do século IV, veio a se tornar obrigatório em todo o império carolíngio.

Embora o papa Leão III tenha se posicionado contra o acréscimo, com o tempo a Igreja romana o reconheceu e incorporou o acréscimo ao símbolo da fé.

> Se de antemão me tivessem consultado sobre o acréscimo, eu o teria proibido. Eis agora o expediente que me aflora à mente: pouco a pouco no palácio imperial deixai de cantar o Filioque no símbolo de fé; dai como razão para isto o fato de que não é cantado na Santa Igreja Romana. Quando tiverdes cessado de fazê-lo; todos também cessarão. Desta maneira os fiéis guardarão o que tiverem aprendido, e desaparecerá um canto ilícito sem escândalo para a fé (Papa Leão III apud BETTENCOURT, 2010 p. 120).

As distintas mudanças nos cenários políticos tanto no ocidente como no oriente acabaram também influenciando a organização externa da Igreja. Aos pouco o enfoque na estrutura eclesiástica para ambas se tornou distintos e opostos.

Desde o princípio, há de se notar que este assunto era tomado em diferentes ênfases pela Igreja ocidental e oriental. No ocidente havia uma única igreja de fundação apostólica que se destacou sobre todo o mundo ocidental como seu ponto de unidade, no oriente onde os apóstolos concentraram mais a sua ação missionária, existiam muitas Igrejas de origem apostólica e por isso se tinha uma sensibilidade maior entre a igualdade dos bispos, a natureza colegial e conciliar da Igreja.

A própria participação da igreja ocidental não foi tão ativa nos concílios ecumênicos, a igreja romana já se via como uma monarquia papal, assim as atas dos Concílios eram submetidas à aprovação papal antes de se aplicarem ao ocidente. No ocidente se dava ênfase na monarquia, no oriente a estrutura colegial e conciliar.

Com os acontecimentos políticos que se seguiram no ocidente até Carlos Magno e após, Roma se fortaleceu na ênfase monárquica e na baixa idade média se chegou a uma forte divisão entre o clero e o laicato, e depois entre o próprio clero que se dividiu em alto e baixo. Enquanto os Bispos viviam como príncipes no ocidente, no oriente eles eram como pais para os seus e os leigos tiveram grande importância na reflexão e formação teológica.

As relações orientais e ocidentais entre os cristãos se perdeu também por uma falta de idioma comum. Perdeu-se o universo do discurso e os partidos já não podiam se comunicar e nem ler os escritos um do outro de forma compreensiva. Na Igreja primitiva existiam diversas escolas teológicas, desde o princípio gregos e latinos haviam enfocado o mistério cristão a sua maneira, mas ambos se complementavam entre si. Sem uma unidade política e linguística, fechados cada qual em seu mundo, ocidente e oriente se fecharam também em suas ênfases teológicas, cada qual se colocando como a única e verdadeira.

Compreendemos assim, porque os dois maiores pontos da ênfase disciplinar e teológica ocidental, que se tentava impor a força sobre o Oriente, foram os maiores artífices do cisma que se seguiu em 1054 e que se consolidou ao longo do tempo: o direito do papado e o *filioque*.

Ao oriente não havia problemas nenhum quanto ao Papa reclamar poder absoluto sobre o Ocidente e que a Igreja romana estava centralizada, era sua jurisdição e sobre ela ele tinha as prerrogativas dadas pelos Concílios Ecumênicos; porém, o problema surgiu quando ele tentou reivindicar para si o poder jurídico imediato e a autoridade total sobre os patriarcados e o mundo oriental.

A igreja oriental fiel à tradição reconhecia ao papa a presidência no amor e primazia de honra, mas não a supremacia universal. O Papa assumia a infabilidade como sua própria prerrogativa; no oriente a Igreja continuava acreditando que, em questões de fé, a infabilidade era prerrogativa do Concílio de todos os Bispos da Igreja, reunidos como os Apóstolos em Pentecostes e em Jerusalém, como se observava em todos os tempos de acordo com a tradição.

De acordo com o historiador e Bispo oriental Kallistos Ware, a essência do Grande Cisma na versão historiográfica da ortodoxia é, portanto, a quebra dos vínculos da unidade Conciliar por parte da Igreja Romana que se gestou por diversos acontecimentos ao longo da história do ocidente.

Ao redor do ano de 850 apesar de tudo, as Igrejas de alguma forma ainda estavam unidas, mas quatro acontecimentos vieram a consolidar o estado de ruptura: o Cisma de Nicolas, a questão das Dipticas de 1009, a tentativa fracassada de reconciliação de 1053 e as Cruzadas.

A questão em torno do Cisma de Nicolás se deu quando Fócio era Patriarca de Constantinopla. Fócio ascendeu ao patriarcado no ano de 858 e logo enviou como de costume aos demais patriarcados a sua carta de eleição como símbolo de unidade.

No entanto, seu antecessor Inácio havia sido exilado pelo imperador bizantino por questões políticas sendo forçado a abdicar. Os partidários de Inácio não reconheciam Fócio e recorreram ao papa Nicolás I em Roma que resolveu investigar a fundo a querela enviando seus legados a Constantinopla no ano de 861.

Fócio os recebeu com grandes honras no palácio patriarcal, pois não desejava nenhuma desavença com o papa, e um concílio se reuniu em Constantinopla para resolver a situação.

Os legados e os demais membros do concílio comprovaram a legitimidade da eleição de Fócio e retornando a Roma apresentaram a Nicolás suas conclusões. O papa não as aceitou e acusou seus legados de terem excedido suas prerrogativas.

Um novo concílio se reuniu em Roma em 863 dirigido por Nicolás, do qual participaram os partidários de Inácio, sem comparecimento daqueles que defendiam Fócio que por sua vez, foi deposto do patriarcado em favor de Inácio.

As disputas estavam na verdade carregadas de interesses políticos por parte de Roma. Nicolás viu nesta questão a chance de submeter o oriente sobre seu poder, porque Inácio lhe era submisso e o conduziria ao triunfo sob os bizantinos. Outra questão era a disputa surgida na evangelização dos eslavos. Ocidente e oriente empreenderam grandes esforços missionários e a jurisdição da Bulgária foi um dos maiores pontos do embate.

Com a entrada dos missionários latinos na Bulgária, eles lançaram mão de ataques violentos contra os padres ortodoxos os acusando de heresia por não ensinarem o *filioque* e não se submeterem ao papa.

Em Constantinopla não foram aceitas pelos bizantinos as determinações do papa Nicolás, pois perceberam os seus planos ao não aceitar a decisão Conciliar tomada anteriormente em conjunto com os seus legados.

Fócio escreveu uma carta aos demais patriarcas do oriente expondo as atitudes de Roma que caíra em cisma e heresia com o *filioque*; convocava nela um Concílio Ecumênico para resolver a situação e por fim declarava a excomunhão de Nicolás. Este episódio ficou conhecido no oriente como o Cisma de Nicolás.

Nicolás foi um papa reformador e consolidou o poder temporal dos papas submetendo todos os bispos, clérigos, religiosos do mundo ocidental e reis sob seu controle. Sua concepção era totalmente estranha a Igreja Conciliar e a Pentarquia no oriente. Em sua carta datada do ano de 865 ele mesmo afirma que o papa ao estar dotado de autoridade em "toda a terra, corresponde a dizer sob todas as Igrejas" (apud WARE, 2006, p.48).

Em 867 a situação em Constantinopla mudou a favor de Roma, o imperador depôs Fócio e restaurou Inácio no patriarcado. Inácio por sua vez, submeteu a Igreja bizantina a Roma e convocou um Concílio em Constantinopla no ano de 869 excomungando Fócio e anulando as decisões do Concílio de 867.

Apesar de ficar conhecido como Concílio anti-Fóciano, ele foi tomado no ocidente como o oitavo Concílio Ecumênico, mesmo sem a participação de Fócio e seus partidários, e estar presente um número escasso de bispos.

O mesmo Concílio acabou por outro lado colocando um fim à jurisdição latina sobre a Bulgária, o imperador bizantino interveio a favor de Constantinopla e Borís, Rei dos búlgaros, vendo que sob Roma tinha menos liberdade aceitou a decisão. Os missionários latinos se retiraram e o *filioque* deixou de ser ensinado naquela região se conservando a ortodoxia da fé.

Tempos depois em Constantinopla, Fócio e Inácio chegaram a um acordo que selou a paz e a reconciliação entre ambos e, vindo Inácio a falecer em 877, Fócio foi mais uma vez escolhido como seu sucessor.

Um novo Concílio se realizou em Constantinopla no ano de 879, e desta vez os Bispos participaram em grande número estando também presente os legados de Roma. Neste, o Concílio realizado por Nicolás foi anatematizado e as condenações a Fócio revogadas.

Em Roma quem agora se assentava ao trono papal era João VIII que era conciliador, não desejava impor sua jurisdição sobre o oriente e nem lhes fazer pressão quanto ao *filioque*.

Fócio saiu vitorioso, reconhecido por Roma e com jurisdição sobre a Bulgária. Durante seu segundo patriarcado a comunhão foi restaurada na Igreja colocando um fim ao Cisma de Nicolás.

Tudo caminhava silencioso, mas os ressentimentos ainda apresentavam uma ferida na Igreja, tanto para o ocidente quanto para o oriente. A política dos papas pós Nicolás eram tolerantes e conciliadoras, até que um novo fato veio a abalar a relação já conturbada: a questão das Dípticas de 1009, cujo plano de fundo era o antigo caso *filioque*.

Neste ano de 1009, foi eleito em Roma como novo papa Sergio IV, que enviou o comunicado de sua eleição a Constantinopla. Na carta ele professava o símbolo da Fé com o acréscimo do *filioque*. Em Constantinopla, o patriarca que também se chamava Sergio, imediatamente retirou o nome do papa da lista dos Dípticos. Era um ato que mostrava que ambos os patriarcados estavam separados.

Os Dípticos era uma lista onde constava o nome de todos os patriarcas vivos e mortos reconhecidos como ortodoxos, a retirada do nome de um deles significava o mesmo que a excomunhão, seu nome era legado ao esquecimento e indigno de pronúncia.

No transcurso dos séculos seguintes, as relações entre o papa e os quatro patriarcas só pioraram. Gregório VII, estando Roma sobre a influência dos alemães, empreendeu uma nova reforma no Ocidente, centralizando mais ainda o seu poder e novamente fazendo de tudo para submeter o Oriente em suas mãos.

As coisas se exacerbaram com os sucessos políticos. Os normandos atacaram com o poderio militar a parte da Itália que estava sob o Império Bizantino e lhes impôs os costumes latinos bem como o acréscimo do *filioque*. Miguel Cerulário, enérgico Patriarca na defesa do seu povo, em 1052 também impôs aos latinos em Constantinopla os costumes gregos e a condenação do *filioque*. Como os latinos não aceitaram, suas igrejas foram fechadas.

Em 1053 chegou ao palácio Imperial de Constaninopla os famosos legados pontifícios chefiados pelo Cardeal Humberto para restaurar a unidade, pois o Patriarca Miguel desejava a paz e havia escrito a Roma anteriormente uma carta oferecendo ao Papa Leão IX a restauração do nome dos papas nos Dipticos.

Humberto foi ríspido, ele que desconhecia totalmente a organização da Pentarquia acreditava que os patriarcas estavam abaixo de si, pois Roma deveria de deter a jurisdição e o poder universal, ele como cardeal e representante do Papa se sentia assim, acima de todos no oriente.

Por outro lado, o patriarca e a corte bizantina, não reconhecia o selo da carta papal, o que despertou certa desconfiança sobre a honestidade de Humberto que teria adulterado o conteúdo da carta outorgando mais poderes do que lhe era devido para resolver a situação.

O episódio já é conhecido, com ele abrimos este capítulo. Após deixar a carta de excomunhão sobre o altar, Humberto voltou a Roma sem saber que o papa Leão a esta altura estava morto. A excomunhão jamais foi assinada por nenhum papa sucessor e um cardeal não tinha tal poder de emiti-la contra um patriarca, porque isso competia a um Concílio.

Miguel Cerulário por sua vez, amparado por um concílio excomungou o cardeal Humberto, mas não a Igreja de Roma. O diálogo, porém, não foi retomado e de fato o Grande Cisma estava consolidado.

Com o empreendimento das cruzadas o fosso que separou o ocidente e oriente se agravou e se tornou um verdadeiro abismo se estendendo até a atualidade, seu trauma apesar de gerações passadas, ainda causa dor no coração do ortodoxo mais simples ao mais erudito.

Antioquia havia sido capturada pelos turcos em 1098, Jerusalém caiu em suas mãos no ano de 1099. A Primeira Cruzada teve grande êxito apesar de sangrenta, e tanto em Antioquia como em Jerusalém os cruzados impuseram patriarcas latinos em ambas as sedes provocando cismas locais.

O sultão Saladino retomou a Terra Santa em 1187, e o patriarca latino de Jerusalém estabeleceu sua sede em Acre, enquanto que o patriarca grego continuou em Jerusalém. Roma e Constantinopla passaram então a debater a jurisdição sobre o território.

A situação se agravou com a quarta cruzada em 1204, a conhecida "cruzada bandida". Os cruzados saíram em direção ao Egito, mas Alexios, filho do imperador bizantino deposto Isaac Angelus, os convenceu a se desviarem em direção a Constantinopla com a intenção de retomar o trono de seu pai.

Os latinos saquearam a cidade deixando seu povo na miséria, destruíram tudo por onde passaram, matando milhares de soldados gregos; e não bastando, profanaram a sede do Patriarca de Constantinopla colocando uma prostituta vestida com as vestes sagradas sobre o trono patriarcal em *Hagia Sophia*.

Os gregos jamais esqueceram tal ato, despertando em seu patriotismo a repulsa e o ódio profundo aos latinos, que invés de paz, trouxeram a espada e a desgraça. Segundo Nicetas Choniates, "os inimigos Sarracenos foram mais misericordiosos que os homens que portavam a cruz de Cristo em seus ombros" (apud WARE, 2006, p.55).

Os cruzados estabeleceram um reino latino em Constantinopla e elegeram um Patriarca latino no lugar do grego que teve que se exilar, mas o reinado durou apenas 60 anos quando os gregos retomaram a cidade.

Várias tentativas de união entre a igreja no ocidente e no oriente aconteceram com o passar dos séculos, mas todas terminaram em fracasso.

Por fim depois de um cerco de seis semanas, no dia 29 de maio de 1453, o Império Bizantino caiu nas mãos dos turcos-otomanos e a Basílica de *Hagia Sophia* foi invadida a cavalo pelos islâmicos durante a liturgia. Sacerdotes, homens, mulheres e crianças não foram poupados, e a basílica patriarcal lavada pelo sangue dos mártires, foi transformada em mesquita pelos infiéis. Os patriarcas se tornaram verdadeiros prisioneiros, e o que se seguiu a vitória do sultão Mohammed II sobre Constantinopla foi o isolamento total entre latinos e gregos.

4 CONSIDERAÇÕES FINAIS

A Igreja desde sua origem em Pentecostes se mostrou sustentada pela Sucessão Apostólica, pela ortodoxia da fé, e pelo governo Conciliar. No Concílio Apostólico de Jerusalém observamos de forma mais profunda como estes elementos de sustentação da Igreja extinguiram aquilo que poderia vir a se constituir em seu primeiro cisma com os circuncisos.

Com o fim do tempo apostólico, passando para a era dos epíscopos, cada comunidade passou a estar estreitamente vinculada ao seu Bispo, e este por sua vez compartilhava de um mesmo episcopado com os demais bispos dentro de um perfeito espírito de unidade entre a Igreja local e a Igreja Universal. Os Concílios locais entre eles em determinada província já eram comum neste tempo.

Com a conversão do Imperador Constantino, a Igreja se espalhou por todo o império, e com a realização dos primeiros Concílios Ecumênicos ela pode se estruturar administrativamente com os cinco patriarcados que se destacavam pela origem apostólica e prestigio que ganharam com o passar dos tempos. A ordem de honra entre elas ficou definida no primeiro Concílio de Constantinopla sendo Roma, Constantinopla, Alexandria, Antioquia e Jerusalém.

O patriarcado de Roma era considerado o primeiro por sua importância como cidade imperial e pelo lugar que Pedro ocupava no colégio apostólico.

Entretanto, com a evolução do tempo e o processo histórico que se deu no Ocidente, o Patriarca de Roma deixou de se ver como o "primus inter pares" centralizando o poder em suas mãos, e a organização eclesiástica da Igreja Latina passou a ser uma estrutura monacal rompendo com o governo Conciliar da Pentarquia. Tentando impor sobre o oriente ortodoxo a sua jurisdição universal e a sua supremacia, Roma conduziu o cristianismo a uma caminhada de estado de unidade ao estado de Cisma que culminou em 1054 e se aprofundou com acontecimentos posteriores.

A questão do "*filioque*" apesar de teológica transformou-se na bandeira de luta do papado e sua supremacia. Ao Oriente era inadmissível aceitá-la, pois passava por cima do Símbolo da Fé que havia sido proclamado pelos primeiros Concílios Ecumênicos da Igreja Indivisa.

A essência da causa do Grande Cisma pousa de alguma forma sobre Roma e não sobre Constantinopla conforme a historiografia habitual costuma apresentar. Pois, Roma ao romper com a unidade Conciliar, ou como dizem os ortodoxos, subverter a presidência no amor para uma supremacia autocrática, ao invés de impor, tivesse submetido seu posicionamento sobre o papado e o *filioque* a um Concílio Ecumênico, a unidade da Igreja desde o início do embate teria de alguma forma se conservado. Porque na autoridade do Concílio repousava a essência da Igreja no Oriente.

Ao colocar Igreja latina e Igreja grega, sob a análise do que foi exposto no presente trabalho, chegamos também a uma conclusão importante que contraria a história oficial: Roma se afastou do modelo de Igreja que vinha desde o evento de Pentecostes sendo vivido no Oriente, sendo de fato o Grande Cisma, devidamente chamado segundo a ortodoxia, de o Cisma do Ocidente. Assim fica constatado por seguinte que a Igreja Ortodoxa continua sendo a Igreja indivisa que nasceu em Pentecostes e que foi fundada por Jesus Cristo sobre o fundamento dos apóstolos e que se constitui Una, Santa, Católica e Apostólica.

A Igreja Oriental ainda conserva legitimamente a unidade Conciliar, a sucessão apostólica e a ortodoxia da fé.

REFERÊNCIAS

BARNES, T. D. **Constantine and Eusebius.** Cambridge: Harvard University Press, 1981. 466 p.

BETTENCOURT, Estevão. A questão do Filioque. **Revista Pergunte e Responderemos**, n. 442, p. 120-126. Nov.2010. Disponivel em: < http://www.veritatis.com.br/apologetica/deus-uno-trino/951-a-questao-do-filioque>. Acesso em: 27 Ago. 2016.

_________. Curso de Patrologia. Rio de Janeiro: Mater Ecclesiae, 2003.

BÍBLIA de Jerusalém. São Paulo: Paulus, 2004.

CATECISMO da Igreja Católica: edição típica vaticana. São Paulo: Loyola, 2000.

CESARÉIA, Eusébio de. **Vida de Constantino.** Introducción, traducción y notas de Martín Gurruchaga. Madrid: Gredos, 1996. 410 p.

________. **História Eclesiástica**. 2ª Edição. São Paulo: Paulus, 2000. 508 p.

DENZINGER, H. Enchiridion symbolorum, definitionum et declarationum de rebus fidei et morum. Ed. bilíngüe por P. Hünermann, EDB, Bolonha, 1995, nn. 301-302.

DROBNER, Hubertus R. **Manual de Patrologia.** 2ª Edição. São Paulo: Editora Vozes, 2008. 656 p.

ECCLESIA BRASIL. **A Igreja Ortodoxa**. Disponível em: <http://www.ecclesia.com.br/biblioteca/igreja_ortodoxa>. Acesso em: 23 de Abr. 2016.

EVDOKIMOV, Paul. **L'Orthodoxie.** 1ª Edição. Paris: Editora Desclée de Brouwer, 1959. 76 p.

FRANZEN, August. **Breve História da Igreja**. 1ª Edição. Lisboa: Editorial Presença, 1996. 509 p.

LEMERLE, P. **História de Bizâncio**. São Paulo: Martins Fontes, 1991. 121 p.

LENZENWEGER, Josef. et al. **História da Igreja Católica**. São Paulo: Loyola, 2006. 393 p.

PADRES APOSTÓLICOS. **Patrística.** Vo. 1. São Paulo: Paulus, 2014. 368 p.

ROPS, Daniel. A Igreja dos apóstolos e dos mártires. Vol. 1. São Paulo: Quadrante, 2014, 598 p.

SILVA, Gilvan Ventura da; MARVILLA, Miguel. De laudibus Constantini, o discurso de Eusébio de Cesaréia sobre a realeza. **Dimensões,** Espírito Santo, n.18, p.384-392, out. 2006. Disponível em: <

http://www.periodicos.ufes.br/dimensoes/article/view/2452/1948>. Acesso em: 12 de mai. 2016.

SILVA, Gilvan Ventura da. **O nascimento de uma cidade**: Constantinopla e sua herança pagã e cristã. Disponível em: <http://www.unicamp.br/nee/arqueologia/arquivos/historia_antiga/constantinopla.html >. Acesso em: 30 de mai. 2016.

WARE, Kallistos. **La Iglesia Ortodoxa.** 1ª Edição. Buenos Aires: Editora Angela, 2006. 310 p.

WEEKS, Wayne A. **Os Primeiros Cristãos Urbanos**. O mundo social do apóstolo Paulo. 1ª Edição. São Paulo: Paulinas, 1992. 448 p.

Printed by Books on Demand GmbH, Norderstedt / Germany